Silvio Kospic

ALTER EGO
Weg zur Gesundheit

novum pro

Bibliografische Information
der Deutschen Nationalbibliothek:

Die Deutsche Nationalbibliothek
verzeichnet diese Publikation in
der Deutschen Nationalbibliografie.
Detaillierte bibliografische Daten
sind im Internet über
http://www.d-nb.de abrufbar.

Gedruckt in der Europäischen Union
auf umweltfreundlichem, chlor- und
säurefrei gebleichtem Papier.

© 2022 novum Verlag

ISBN 978-3-99131-398-4
Lektorat: Sandra Pichler
Umschlagfoto:
Victoria Shibut | Dreamstime.com
Umschlaggestaltung, Layout & Satz:
novum Verlag
Innenabbildungen: Silvio Kospic

Die vom Autor zur Verfügung ge-
stellten Abbildungen wurden in der
bestmöglichen Qualität gedruckt.

www.novumverlag.com

ALTER EGO
Silvio Kospic

Meine Autobiografie ist ein Bild meines harten Lebens, ein Bild meines Kampfes und Leidens, meines dornigen Weges, die Vorteile des Lebens einzuatmen. Trotz aller Bedrohungen, die ein häufiger Begleiter des Menschen sind, sagte ich ein großes NEIN und atmete weiter die Luft dieser Erde ein.

Mein Name ist Silvio Kospic, heute bin ich 35 Jahre alt und ich möchte Ihnen von meinen schwierigen Jahren erzählen und wie ich letztendlich durch wahre Liebe lernen durfte, damit richtig umzugehen und auch zu einem großen Teil sogar meine schlimme Krankheit zu besiegen.

Über ein Fernstudium hatte ich meine Handelsakademie-Ausbildung abgeschlossen und das Maturastadium erreicht und wollte ursprünglich ein Studium beginnen – doch ein größeres Problem mit meiner eingeschränkten Sehfähigkeit machte mir das zunichte. Schließlich absolvierte ich eine dreijährige Kellnerlehre im *Weissen Rössl* am Wolfgangsee.

Im Laufe der Zeit bemerkte ich, dass meine Hände in gewissen Situationen manchmal zu zittern begannen, wobei es mir unmöglich war, dieses Zittern unter Kontrolle zu halten – und diese bedauerliche Situation verschlimmerte sich sogar zusehends.

Ich habe so normal gelebt wie alle jungen Leute. Mir ist nie in den Sinn gekommen, dass ich ernsthaft krank werden könnte. Sport war mein Leben. Ich genoss meine Jugend und konnte nicht verstehen, wie grausam das Leben war, wie schnell es Licht in Dunkelheit verwandeln konnte.

Erst Jahre später, als jene kleinen Einschränkungen einfach kein Ende fanden, entschloss ich mich, ärztlichen Rat einzuholen. Ich erinnere mich an den Moment, als ich im Flur stand und der Arzt mir die Diagnose mitteilte. Das waren schreckliche Momente.

Ein ganzes Ärzteteam von mehreren beigezogenen Spezialisten stellte bei mir „Progressive Multiple Sklerose" fest – eine Krankheit, die sich bei mir im Laufe der Jahre sogar noch verschlimmern würde. Sie meinten, dass bei fortschreitender Erkrankung damit gerechnet werden müsse, dass sich der Zustand innerhalb von drei Jahren verschlechtern und meine Beweglichkeit so eingeschränkt sein werde, dass ich nach dieser Zeit letzten Endes auf einen Rollstuhl angewiesen sein würde – eine für mich ganz, ganz schreckliche Aussicht! Ich wollte dies anfangs ja gar nicht wahrhaben und keinesfalls hinnehmen, ja, ich konnte es gar nicht so richtig glauben. Als es mir dann aber klar wurde, zog es mir richtiggehend den Boden unter den Füßen weg.

Nun, die Situation war nun mal so und ich schmiedete Pläne, wie ich sowohl mit Hilfe der traditionellen Medizin als auch auf anderen Wegen der Krankheit zu Leibe rücken könnte. Denn ich war der Ansicht, was immer auch im Leben daherkommen möge, würde ich mich niemals aufgeben, sondern dagegen ankämpfen und mit wirklich allen Mitteln versuchen, dagegen anzugehen; denn aufzugeben und mich einfach dem Krankheitsbild zu ergeben, nein, das kam für mich absolut nicht infrage. Dazu war mein Kampfgeist immer schon zu stark gewesen. Ich wollte, so gut es nur ging, dagegen ankämpfen, nicht den Kopf in den Sand stecken und nicht darauf warten, bis mit meiner Beweglichkeit alles zu Ende war. Es war mir klar, dass vor allem regelmäßige sportliche Betätigung meinen Krankheitsverlauf günstig beeinflussen konnte, und so gewöhnte ich mir an, oft schwimmen zu gehen, mich möglichst viel an der frischen Luft aufzuhalten und überhaupt meinen Körper zu trainieren, so gut es nur ging. Diese körperlichen Aktivitäten konnten in meiner Lage sicher nicht schaden. Und tatsächlich: Nach längerer Zeit bemerkte ich wahrlich eine wesentliche Verbesserung meines Zustandes und wertete dies als kleinen Erfolg!

Ich konnte verstehen, dass meine Hände in dieser Phase noch zitterten, aber die Krankheit hatte sich nicht verschlechtert und von einem Leben in einem Rollstuhl war ich meilenweit entfernt. Demnach hatte ich ein durchaus positives Gefühl!

Mein Geist, der darauf aus war, dass mein Körper heilt, dachte oft an die Ärzte, die mir die Diagnose gaben. In diesem Wunsch, besser zu werden und nicht an einen Rollstuhl zu denken, sprach ich oft mit mir selbst:

„Letzten Endes sind ja auch Ärzte nur Menschen; sie wissen zwar um eine Krankheit und verstehen sie auch, aber ihre Erkenntnisse sind dennoch oftmals nicht der Weisheit letzter Schluss."

Wie meinte doch einmal ein weiser Mensch so zutreffend:

„Es gibt mehr Dinge zwischen Himmel und Erde, als der Mensch jemals zu erträumen vermag!"

Doch zurück zu meiner Situation: Mir war irgendwie instinktiv klar, dass ich nur dann einen nachhaltigen positiven Einfluss auf meinen Körper erzielen würde, wenn ich versuchte, eine gewisse Regelmäßigkeit in mein Leben einfließen zu lassen. Und tatsächlich: Ich wurde damit zwar nicht urplötzlich gesund, aber es trat kein direktes Fortschreiten der Krankheit mehr auf und mein Zustand verbesserte sich zusehends.

Wenn ich heute zu meinen laufenden Kontrolluntersuchungen komme, begegnen mir immer wieder ob meines guten Zustandes gleichermaßen Staunen und Ungläubigkeit. Immer wieder denke ich mir: Wenn man mit eingeschränkter Gesundheit zu leben lernt, ist man doch irgendwie auch beschenkt. Denn man lernt dadurch, auch mit scheinbar unabänderlichen

Schwierigkeiten fertig zu werden und Dinge hinzunehmen, die man nur langsam ändern kann!

Ja, so paradox es klingen mag: Durch dieses Leben mit einer Krankheit, die mir größte Schwierigkeiten bereitete, habe ich so viel für mich Neues erfahren und kennengelernt. Ich glaube, ich bin dadurch sogar gereift, indem ich jetzt eine andere, tiefere Sichtweise auf die Dinge des Lebens habe.

Ich versuchte, Hilfe nicht nur in der traditionellen Medizin zu finden, sondern auch in der Alternativmedizin. So traf ich unter anderem in Mondsee mit Schamanen aus vier Kontinenten zusammen. Einer dieser Schamanen war schon fortgeschrittenen Alters und er erklärte sich dazu bereit, mich zu empfangen. Bei diesem Treffen gestattete er mir drei Fragen, die ich bei ihm frei hätte. Prinzipiell erklärte er mir, dass ich mich zwischen zwei wichtigen Dingen zu entscheiden hätte: Zwischen einem kurzen Leben in materiellem Reichtum oder einem langen, in dem ich vorwiegend spirituelle Einsichten in mein Dasein haben würde. Angesichts dieser beiden Alternativen entschied ich mich in voller Überzeugung für die zweite, denn ein möglichst langes Leben zu haben, ist für mich wesentlich erstrebenswerter. In meiner Begegnung mit ihm stellte ich dem Schamanen folgende Fragen: Meine erste war, weshalb ich die Krankheit überhaupt bekommen hätte. Seine Antwort darauf war, dass mein Urgroßvater, der in den Grausamkeiten des zweiten Weltkriegs verstorben war, mir schon den richtigen Weg weisen sollte und er dies ja auch für mich tun wolle.

Meine zweite Frage lautete, ob ich überhaupt gesund werden würde. Seine Antwort war ein klares „Ja!" – zwischen dem dreißigsten und vierzigsten Lebensjahr würde ich gesund werden. Die dritte Frage, die ich stellte, war, wie es um meine Zukunft bestellt sei. Wie würde sie wohl aussehen? Würde sie gut und aussichtsreich sein? Würde ich allein bleiben? Er lächelte und meinte, das habe er mir doch schon gesagt, ich müsse mich eben entscheiden zwischen einem kürzeren Leben in materiellem Reichtum oder einem langen, reich an spirituellen Einsichten. Er sagte auch, ich würde eine Frau treffen, die mit mir in perfektem Einklang sein werde. Dies alles hörte ich sehr gerne und mein Herz öffnete sich; ich hatte gehört, ich würde in der Zukunft nicht alleine sein, sogar eine für mich perfekte Frau würde ich finden, und das machte mich glücklich.

Und der Schamane? Er lächelte, als er in mein Gesicht blickte. Was er sich wohl dabei dachte? Es sollte sein Geheimnis bleiben. Ich spürte aber, dass er mir ganz allgemein gesehen sehr wohlwollend begegnet war. Nun, wahrlich, diese bereichernde Zusammenkunft mit einem „großen" Menschen voller Erfahrungen und mir bisher eher unbekannten Fähigkeiten und Begabungen berührte mich sehr und aus heutiger Sicht muss ich sagen, dass dieses Treffen mit dem Schamanen für mein weiteres Leben wirklich entscheidend war. Und noch eines: Er hatte wahrlich in allem recht, was er mir erzählt hatte.

Es gibt eigentlich nur noch eines, worauf ich hier und heute sehnsüchtig warte: Auf eine vollständige Genesung meines Körpers, und dies hatte mir der Schamane ja auch vorausgesagt.

Dennoch wollte ich auch andere Methoden austesten, denn mein Wunsch, wieder vollständig geheilt zu sein, war wohl übermächtig und ich wollte ganz einfach nicht bis zum vierzigsten Lebensjahr warten, wieder vollständig gesund zu sein. Meine Mutter schlug mir nach einer Recherche verschiedener Therapiemöglichkeiten, die sie im Internet gefunden hatte, vor, eine Therapie mit Aminosäuren zu versuchen, die zu dieser Zeit unter der Leitung von russischen Ärztinnen in Zypern angeboten wurde. Nach einem etwas längeren Flug kam ich dort an. Die Umgebung sagte mir sofort sehr zu. Es war sonnig und warm und ich war umgeben von einer Luft, in der man das Meer riechen konnte, kurzum: Die Umgebung auf dieser Insel war überaus einladend, ja geradezu herrlich!

Die Therapie an sich war allerdings sehr anstrengend. Alle vier Stunden musste ich Eiweißpräparate einnehmen, die sich nach einiger Zeit positiv auf den Organismus auswirken sollten. Nun gut, ich tat, wie mir aufgetragen wurde, doch auch nach geraumer Zeit konnte ich keine wesentliche Verbesserung meines Krankheitsbildes feststellen und enttäuscht flog ich wieder zurück ins mir mittlerweile zur Heimat gewordene Österreich.

Nein, diese Therapie hatte mir nicht entscheidend helfen können, aber ich hatte wenigstens das herrliche Mittelmeerklima ausgekostet, was mein Weltbild selbstverständlich auf bestimmte Weise erweiterte.

Eine andere Therapiemöglichkeit war eine sogenannte „Parasitentherapie". Dahinter stand die Ansicht, dass oral eingenommene Parasiten gegen meine Krankheit ankämpfen und dabei mein angegriffenes Immunsystem wiederherstellen sollten.

Ich wollte eben, dass meine Myelinschicht im Rückenmark nicht weiter durch die Krankheit angegriffen würde, doch bedauerlicherweise konnte ich auch mit Hilfe dieser Therapie keine tatsächliche Verbesserung feststellen.

Ein anderer Versuch, den ich in Österreich unter Einbeziehung heimischer Ärzte unternahm, war die Akupunktur.

Viele Fachärzte sind ja auch heute noch der Meinung, dass sie durchaus auch bei Multipler Sklerose ein probates Mittel zur Heilung sein kann. Also nichts wie hinein in dieses Vergnügen. Wenn es vielleicht nicht heilen sollte, so würde es mir ja auch nicht schaden! Doch leider wurde ich wieder enttäuscht, auch dieses Heilverfahren konnte bei mir nicht den ersehnten Heilerfolg bringen.

Wie auch immer, ich wollte, will und werde nie aufgeben. Das denke ich heute wie schon damals: Aufgeben gibt es bei mir nicht! Über das Studium einschlägiger Literatur hatte ich von einer südamerikanischen Heilpflanze gehört, die unter dem Namen Ayahuasca bekannt ist. Sie kommt vor allem im Amazonasgebiet vor, namentlich in Brasilien, Peru und im nördlichen Chile. Die Ureinwohner aus jenem großen Gebiet befassen sich schon sehr lange mit vielen Therapiemöglichkeiten zur Heilung diverser Krankheiten. Ich begab mich also mit großer Hoffnung nach Peru; vielleicht würde ich dort wichtige Erkenntnisse nicht nur über meine Gesundheit, sondern auch über mein eigentliches Wesen und Sein gewinnen.

Die Pflanze, die in dieser Therapie verwendet wird, wird vierundzwanzig Stunden lang vorbereitet, gekocht und dann eingenommen.

Nach circa dreißig Minuten verspürt man einen starken Brechreiz und man ist gezwungen, sich zu übergeben – und das sehr ausgiebig. Die Pflanze ist eine Art „Droge" zur Selbsterkennung.

Nun, ich ging diesen Weg mit allen Konsequenzen und kam dabei zu wirklich erstaunlichen Erkenntnissen. Ich konnte tatsächlich in einem für mich ganz neuen Bewusstsein herausfinden, was eigentlich die Quintessenz meines Lebens war und ist, und ich konnte alle nur erdenklichen Möglichkeiten einer wie auch immer gearteten gesundheitlichen Verbesserung meines Gesundheitszustandes sehen.

Ich erkannte in der Folge wirklich eine neue Dimension meines Daseins, ich öffnete wie in Trance verschiedene Türen, fand dort mir unbekannte, oft angsteinflößende Wesen und es wurde mir irgendwie klar, worauf es in meinem Leben tatsächlich ankommt und worin meine Sinnerfüllung besteht: Das Beste aus meinen Möglichkeiten zu machen, unbeirrbar meinen Weg zu gehen und mich nicht durch irgendwelche Ängste oder Befürchtungen davon abbringen zu lassen.

Erst Stunden später kam ich wieder zu mir, aber ich hatte ein angenehmes Empfinden. Ja, durch diese Erfahrung ist mir einiges in meinem und über mein Leben klar geworden. Ich sehe heute alle Dinge, die mich früher oft belasteten, weitaus gelassener, erlebe das Schöne viel bewusster und sehe auch meiner Zukunft voll Vertrauen entgegen.

Diese Erfahrung hat mich sehr beeinflusst und für mein Leben wesentliche Entscheidungen gebracht; denn tatsächlich ist für mich seit dieser Zeit nicht nur das Äußerliche (finanzieller und damit materieller Wohlstand, Ausbildung, sonstige daraus resultierende Annehmlichkeiten) bestimmend für die Einschätzung eines Menschen geworden, sondern mindestens gleich bedeutsam auch das Dahinterstehende (seine jeweiligen Absichten, sein Wesen, die Eigenschaften, die ihn ausmachen).

Es ist leider ja oft so, dass von zehn Menschen oftmals nur einer in Wahrheit es auch wert ist, dass man sich eingehender mit ihm beschäftigt. Leider ist die Welt nun mal so. Sie ist eben durch und durch materialistisch geprägt. Im Grunde genommen gibt es für mich keine „schlechten" Menschen, nur minderwertige Absichten und Meinungen, unabhängig von der Vergangenheit des jeweiligen Menschen. Jeder ist meiner Meinung nach und letzten Endes „seines Glückes Schmied".

Ich denke, nun ist es an der Zeit, auf die „Liebe meines Lebens", auf meine Frau einzugehen; denn durch sie und ihre bedingungslose Zuneigung hat sich mein Leben entscheidend zum Guten gewandelt. Als ich sie zum ersten Mal sah, verspürte ich ganz tief in mir überwallende, tiefe Gefühle, so unglaubwürdig dies vielleicht für einen Außenstehenden klingen mag; ich wusste sofort, dass sie die Liebe meines Lebens ist.

Was hat sich nicht alles durch sie zum Besseren gewandelt – mein gesamtes Dasein hat sich verändert! Ich sah und erkannte wieder einen tiefen Sinn in meinem Leben, verschwunden waren meine früheren Ängste und Befürchtungen; und nur durch sie geschah es, dass sich mein gesamtes Leben zum Guten wandelte, ja, sie schien mich irgendwie auf Anhieb perfekt zu ergänzen. Diese Gefühle hatte ich schon ganz am Anfang, als wir einander kennenlernten und mit jedem Tag mit ihr wachsen sie auf besondere Art und Weise.

Oftmals ist es ja wirklich sonderbar im Leben: Gerade wenn man, aus welchen Gründen auch immer, glaubt, nicht mehr weiter zu wissen und alles rund um einen selbst schlimm läuft, dann stellt sich plötzlich oft unerwartet das Gute ein.

Dass dies auch mit mir geschah, machte mich glücklich und so ist es auch in der Gegenwart. Es ist schwierig für mich, hier in Worten auszudrücken, von welch grundlegender Bedeutsamkeit und dankbarer Inbrunst die tiefe Empfindung zu meiner tollen Frau ist.

Es ist für mich an der Zeit zu erzählen, wie ich sie eigentlich kennenlernen durfte. Meine Mutter sah damals einen TV-Bericht, in dem ganz allgemein über Multiple Sklerose und deren Auswirkungen auf das Leben mit dieser Krankheit gesprochen wurde. Und zufällig traf sie die Mutter meiner späteren Frau in einer anderen, nahen Stadt; sie war damals in Begleitung ihrer Tochter, weil diese sie eben nicht alleine fahren lassen wollte. Auch ich war mit meiner Mutter unterwegs und per Zufall ergab es sich, dass wir einander begegneten. Mein erster Eindruck war: Was für ein faszinierendes Mädchen, ja, ich sah sie wie einen Engel aus Fleisch und Blut, so sehr beeindruckte sie mich. Auch sie fand mich offensichtlich sympathisch und so unterhielten wir uns mehrere Stunden lang über Gott und die Welt. Je mehr wir miteinander sprachen, umso mehr wollten wir beide voneinander wissen. Die Zeit stand für uns still und die ganze Umgebung war für uns beide bedeutungslos geworden. Wir hatten mehrere Stunden miteinander verbracht, aber die Zeit war wie im Flug vergangen. Sie war genau wie ich an Multipler Sklerose erkrankt und so konnte sie gut verstehen, wie ich mich manchmal gefühlt hatte. Eine Gemeinsamkeit auf so vielen Ebenen! Das verband uns. Dennoch sorgte ich mich anfangs sehr. Wie würde sich die Krankheit in den kommenden Jahren weiterentwickeln? Wie würde sich unsere Beziehung gestalten, wenn immer das Schreckgespenst der Multiplen Sklerose buchstäblich über uns schwebte?

Ich hatte viele Sorgen und dachte ganze Nächte lang darüber nach, aber ich fand dazu zunächst keine Lösung, denn die Frage nach einer gemeinsamen Zukunft machte mir Angst. Wäre es nicht besser, hier und heute noch keine diesbezügliche Entscheidung zu treffen? Die Sorgen um meine spätere Frau waren zu übermächtig. Und so entschied ich mich, vorerst alles noch beim Alten zu lassen. Nach vier Tagen, in denen ich alles immer wieder hin- und her wälzte, entschied ich mich ganz spontan, ihr telefonisch einen Heiratsantrag zu machen. Sie schien zwar anfangs überrascht, aber im Verlauf des Gesprächs erklärte sie mir, dass sie ja genau wie ich empfinde und sie gerne meine Frau werden wolle.

Ich war so glücklich und mein gesamtes Leben drehte sich von jenem Zeitpunkt an ins Positive. Ich hatte aus heiterem Himmel einen wunderbaren Menschen gefunden. Wir hatten zwar beide mit unserer Krankheit zu kämpfen, aber gemeinsam würden wir diese bestimmt meistern und richtig damit umgehen und sie in der Folge auch besiegen. Endlich sah auch ich wieder eine richtige Zukunft vor mir, nicht, wie bislang, allein, sondern zusammen mit einer wunderbaren Frau. Diese Liebe hat sich wirklich bis zum heutigen Tag erhalten – ja, sie ist sogar gewachsen, größer und auch reifer geworden. Und bis zum heutigen Tag haben wir es nie bereut, ernsthaft zusammengekommen zu sein – trotz meiner anfänglichen Bedenken.

Ja, so geht es oftmals im Leben: Aus einer anfangs so beängstigenden Lage kann sich in jedem Augenblick, zu jedem Zeitpunkt eine totale Änderung zum Guten hin ergeben. Es mag zwar unglaublich und visionär klingen, aber ich glaube fest daran, dass man wirklich die Fähigkeit in sich trägt, sein Leben selbst in die Hand zu nehmen und tatsächlich nahezu jede gewünschte und ersehnte Änderung zu bewirken.

Diese Kraft trägt jeder in sich. Er muss nur diese Fähigkeit erwerben und sie dann auch pflegen. Diese Gewissheit ist ganz tief in mir drin und ich bin felsenfest davon überzeugt, dass ich alles, was ich mir wirklich ganz, ganz ernsthaft vornehme, in Wirklichkeit erreichen kann und ich lasse mich nicht davon durch Zweifel an mir selbst abbringen.

Doch zurück zur Schilderung über meine Frau, von der ich hier mehr erzählen will. Das Zusammenleben mit ihr hat also mein Leben gänzlich zum Guten verändert und Tag für Tag denke ich in Dankbarkeit an jenen wunderbaren Moment zurück, an dem ich sie kennenlernen durfte. Wie vorhin schon erwähnt, hat sich durch sie mein Leben wirklich bis hin zur Vollkommenheit entwickelt. Nie im Leben habe ich jemals Vergleichbares erlebt.

Sie kam wie ich aus Bosnien und hatte es wie ich wegen des damals in Südosteuropa herrschenden Krieges nicht leicht gehabt. Auch in dieser Hinsicht schien sich unser beider Leben nicht nur zu gleichen, sondern geradezu parallel zu verlaufen. Ein Krieg ist ja schon im Allgemeinen etwas wirklich Schreckliches und ich will hier gar nicht näher darauf eingehen. Die leidvollen Ereignisse von damals mit ihren unglaublichen Grausamkeiten auf beiden Seiten sind wahrscheinlich allen bekannt. Aber wie erstaunlich ist es, dass wir gerade in solcher Umgebung diese Liebe zueinander fanden, die uns jetzt so intensiv aneinanderbindet, und das mit jedem Tag sogar mehr und mehr – und die ja nicht einmal durch so einen fürchterlichen Konflikt ins Wanken geriet, sondern zunahm und beharrlich ihren Weg ging und geht!

Deshalb ist für mich die wahre Liebe eine unermessliche Kraft, an der alles Negative abprallt, und selbst wenn das Schlechte einige Zeit lang regiert, ist es gegen die wahrhaftige Liebe auf Dauer machtlos.

Meine Frau hatte eine ganz tolle Ausbildung absolviert. Sie ist Philosophin und Soziologin und sehr gebildet, was mich mit großem Stolz erfüllt. Nun wollten wir selbstverständlich auch gemeinsam etwas gegen unsere Krankheit unternehmen, denn die Hilfsmaßnahmen der traditionellen Medizin hatten uns beiden ja so gut wie gar nichts gebracht. Ich brauche mich dabei nur an die mir vor Jahren erstellte Diagnose der Ärzte im Krankenhaus zu erinnern, in dem damals sogar von nur drei Jahren die Rede war, bis ich im Rollstuhl enden würde.

Wie komisch die Welt ist. Nach so langer Zeit seit der Diagnose konnte ich mich immer noch ganz alleine und ohne irgendwelche Hilfsmittel und den Umständen entsprechend gut fortbewegen. Dennoch wollten wir absolut alle Möglichkeiten einer Heilung unserer gemeinsamen Krankheit ausprobieren, denn die Hoffnung stirbt immer zuletzt.

Wir besuchten als nächstes eine sogenannte „Heilerin", die in unmittelbarer Nähe von Bad Ischl ihre Fähigkeiten anbot. Wir begaben uns also dorthin und machten tatsächlich eine unglaubliche spirituelle Erfahrung! Wir hatten es uns ja gar nicht vorstellen können, aber wir sahen uns dort in einem Zusammenhang mit allen Dingen, vor allem mit den im Leben eines Menschen wichtigen Bereichen. Urplötzlich wurde uns ein ganz erweitertes Bewusstsein geschenkt. Wir fühlten uns dabei wie in einem unendlichen Kosmos. Diese Erfahrung verlieh uns zudem eine immense innere Kraft. Wir haben tatsächlich eine allgemeine Verbesserung gespürt, indem wir die Gesamtheit der bedeutsamen Dinge des Lebens erkennen konnten. Auf irgendeine Weise hängen alle Dinge des Daseins zusammen, da sie ein Teil dieses gewaltigen Kosmos sind, der alles umfasst und von dem alles kommt.

In diesem Zusammenhang fällt mir eine andere Begegnung ein, auch wenn sie im zeitlichen Ablauf eigentlich viel früher stattgefunden hatte. Ich war damals in Wien bei einer Seherin, der man besondere Fähigkeiten zusprach und von der auch ich mir eine Verbesserung meines Zustandes erhoffte. Ich wollte eben wirklich und absolut alles versuchen, um einen Weg zurück in ein normales Leben zu finden.

Jene Seherin sagte mir im Anschluss an einen sehr interessanten Vortrag, ich solle bis zum nächsten Mal doch eingehend darüber nachdenken, was für mich sowohl Freiheit als auch Wahrheit bedeuteten. Ich antwortete, dass ich darüber nicht nachdenken müsse, und sagte ihr ganz spontan, dass für mich Freiheit und Wahrheit einander bedingen würden. Ist man frei, so sei man auch im Besitz der Wahrheit, und ist einem die Wahrheit bewusst, so sei man erst recht frei; sie verhielten sich also sozusagen direkt proportional zueinander.

Die Seherin war von dieser Antwort sehr verblüfft. Anlässlich eines neuerlichen Treffens gab sie mir mehrere Fläschchen mit einer Art homöopathischer Arzneien, die ich längere Zeit einnahm. Ich fühlte mich gesundheitlich schon in gewisser Weise besser, aber eine tiefgreifende Verbesserung konnte ich leider doch nicht feststellen. Vielleicht war ich auch ein bisschen zu ungeduldig mit mir selbst, aber ich sehnte mich doch schon so sehr nach einer ganz radikal eintretenden Verbesserung meines Gesundheitszustandes.

Wie auch immer, ich will wieder auf meine Frau zurückkommen. Nun, sie war selbstverständlich genau wie ich bemüht, alles nur Erdenkliche im Kampf um unsere Gesundheit zu unternehmen. Sie kümmert sich auch um die sogenannten „kleinen Dinge", die eigentlich gar nicht so klein sind.

So sorgt sich um unseren Haushalt, sorgt dafür, dass bei uns in der Wohnung wirklich alles penibel sauber ist und auch bleibt, was mit mir des Öfteren ja nicht so einfach ist, wenn ich mit meinen unruhigen Händen etwas verschütte – zum Beispiel auch beim Essen, was ja oft unvermeidlich ist. Sie hatte früher auch eine Phase, in der es ihr mit dem Gehen und überhaupt mit Bewegung ganz allgemein nicht so gut ging. Damals war ich es, der ihr Halt bot.

Bei einer gemeinsamen Einschränkung ist es nun einmal so, dass jeder seine Phasen hat, gute wie auch schlechte, und der jeweils andere ist ihm behilflich und steht ihm bei. Wie gut ich doch damals kochen konnte, ja wahrlich, ich war ein Meister meines Faches! Ich blanchierte, tranchierte und panierte meisterlich – es war mir alles wohlvertraut! Ich hatte einen ausgeprägt guten Geschmackssinn und doch musste ich später mein geliebtes Kochen aufgeben, da es nicht mehr möglich war, mit unsicheren Händen in der Küche zu hantieren. Und so bin ich meiner Frau auch in diesen Dingen, in denen sie mich so gut unterstützt, wirklich mehr als dankbar.

Wie sagte doch ein großer Philosoph, dessen Name mir im Augenblick nicht einfällt:

„An den kleinen Dingen des Lebens sollt ihr die Menschen erkennen!“

Dieser bedeutsame Spruch ist jedenfalls für meine Frau sehr passend.

Ich halte es für sehr wichtig, dass ich ohne irgendwelche Zweifel und ohne mögliche Vorbehalte die mir geschenkte Zeit nutze und sie nicht ungenutzt verstreichen lasse, denn jeder einzelne Moment im Leben ist für mich kostbar und als Geschenk zu sehen.

Um die Darstellung meiner Person irgendwie abzurunden, will ich an dieser Stelle die Gelegenheit nutzen, ein paar Worte über meine Familie zu sagen, denn auch sie hat mich in meinem ganzen Erscheinungs- und Verhaltensbild sehr beeinflusst. Da ist zunächst mein Vater, der mich sein Leben lang sehr unterstützt hat. Er ist eine wahrlich bedeutende Persönlichkeit und war ehemals Nationaltrainer Jugoslawiens im Boxen. Vorher hatte er eine Ausbildung an einem technischen Gymnasium absolviert und dort das Abitur gemacht. Daraufhin hatte er sich an eine bekannte technische Universität begeben, doch diese Ausbildung schloss er wegen seines geliebten Boxens nicht ab. Er wollte seine Studenten nicht im Stich lassen, die ja auch in einer gewissen Abhängigkeit zu ihm standen. Er fühlte sich für sie verantwortlich. Später kehrte er an die Universität zurück und widmete sich intensiv dem Studium der Sportwissenschaft, das er mit Bravour abschloss. Etwas wirklich Wichtiges habe ich aus allem von ihm gelernt: Man muss im Leben immer mit etwas abschließen, bevor man etwas Neues beginnt. Und er erreichte mit seinem Nicht-Nachgeben in seinem Leben das, was er wollte – seine Ziele, die ihm sein Leben lang wichtig waren. Allein deshalb bewundere ich ihn zuhöchst!

Freilich muss ich in diesem Zusammenhang auch ein paar Worte über meine Mutter sagen: Sie hatte eine sehr schwere Kindheit; ihr Schulweg, den sie tagtäglich zurücklegen musste, war acht Kilometer lang, wobei sie auf dem Weg in der Nähe sogar Wölfe heulen hören konnte – eine Situation, die heutzutage schwer vorstellbar ist.

Sie wurde Lehrerin in Banja Luka und später mit ihrer sehr guten Ausbildung Professorin für Geographie. Auch an sie geht meine aufrichtige Anerkennung für die Bewältigung ihres schwierigen und harten Weges! Denn aus widrigsten Verhältnissen heraus hatte sie es geschafft, Universitätsprofessorin zu werden. Auch an sie meine allergrößte Hochachtung!

Schließlich möchte ich meine mir sehr nahestehende Schwester erwähnen, die einen ebenfalls beachtenswerten Weg gegangen ist. Zuerst ließ sie sich zur Krankenschwester ausbilden, doch war ihr das persönlich nicht zufriedenstellend. So widmete sie sich anschließend dem Studium der Kriminologie, welche ihr sehr am Herzen lag und die für sie immer schon eine große und besondere Anziehungskraft gehabt hatte. Jetzt arbeitet sie als Kriminologin und sie fühlt sich dabei sehr ausgefüllt. So hat jedes Mitglied meiner Familie seine eigene gefestigte Position; und das wird auch in Krisenzeiten so bleiben.

Um zu mir selbst zurückzukommen: Ich kann mir sehr gut vorstellen, dass verschiedene negative Erlebnisse, beginnend schon in jungen Jahren, in meinem Körper viele Blockaden ausgelöst haben. Ein junger Mann, der wie ich einiges erlebt hat, ist noch unvorbereitet und unerfahren und so kommt es in der Folge zu einer Rebellion des Körpers, der sich ja gegen die Missstände zu wehren versucht. Er möchte diese Belastungen nicht stets mit sich tragen. Genauso erging es mir; und als sich die Belastungen nach geraumer Zeit nicht auflösten, sondern in der Summe sogar häuften, begann sich mein Körper dagegen mit einer Krankheit zu wehren. Die ständigen und laufenden gesundheitlichen Probleme waren zu einem gewissen Zeitpunkt für meinen Körper zu viel und er flüchtete sich in die Multiple Sklerose.

Ich denke, es ist wert, darüber eingehender nachzudenken. Denn in der Summe all unserer Erlebnisse gleichen wir einander als Menschen, auch wenn jeder von uns daran gewöhnt ist, so zu leben, als würde uns kein nächster Morgen kümmern.

Ich denke, es ist schon auch von großer Bedeutung, wie unser Körper auf alles reagiert. Jedes einzelne Ereignis im Leben löst eine Reaktion aus und unser Körper ist letzten Endes wie ein Haus, in dem Geist und Seele wohnen. Unser Leben ist ein unglaublich großer Schatz, in dessen Reichtum sich unser Geist und unsere Geschichte widerspiegeln.

Das schier endlose Nachdenken hat mich, zusammen mit verschiedensten Erfahrungen, im Laufe der Zeit wirklich zur oben geäußerten Ansicht und Einsicht gebracht – was keinesfalls leicht und einfach ist. Doch ich bin mir meiner Erkenntnisse vollkommen gewiss und von ihnen überzeugt.

Noch einmal muss ich auf meine Frau zurückkommen; denn als ich ihre Liebe in mir verspürte, da wusste ich erstmals urplötzlich tief in mir drinnen, dass sich alles in meinem Leben wiederherstellen ließe und in Ordnung käme. Klarerweise hatte ich anfangs auch Zweifel und verschiedene Befürchtungen und doch behaupte ich hier noch einmal, wie sehr ich sie liebe und wie lebenswert mein Dasein durch sie und ihre Liebe und unsere gegenseitige Zuneigung geworden ist! Ja, summa summarum bin ich im Hier und Heute ein wirklich glücklicher Mensch. Ich nehme alle Dinge so, wie sie kommen, und nichts könnte es heute schaffen, mich aus dem Sattel zu werfen.

Die sogenannten „schönen Künste" hatten schon immer eine große Anziehungskraft auf mich ausgeübt: Ich denke, ich bin künstlerisch begabt, und es machte mir immer viel Spaß und Freude, Bilder zu malen. Ich wurde leider durch den Ausbruch meiner Krankheit daran gehindert, damit fortzufahren. Es ist unmöglich, mit unruhigen Händen zu malen, denn beim Malen muss man sich auf eine ruhige Hand verlassen können.

Ich kann mich noch gut daran erinnern, wie ich meiner späteren Frau zum ersten Mal ein von mir gemaltes Bild zeigte und sie dachte, dass dies eine Kopie von irgendwoher sein müsse.

Meinem Sinn für die schönen Dinge und Künste im Leben konnte meine Krankheit keinen Abbruch tun, denn was einem nun mal an Talent gegeben ist, das geht nicht so leicht verloren, selbst dann nicht, wenn man es nicht mehr wie vorher ausüben kann.

Als Schlussfolgerungen all dessen, was ich geschrieben habe, ergeben sich wahrlich wesentliche Erkenntnisse. Mit ihnen wie auch aus den persönlichen Erlebnissen zeige ich auf, dass es wesentlich ist, den ganz individuell gesehen richtigen Weg zu gehen, ob man nun gesund ist oder krank. Jeder mag daraus seine eigenen, ganz persönlichen Schlüsse ziehen, so, wie er es für richtig hält.

Niemand soll sich dazu verleitet fühlen, einen Weg durch sein Leben zu gehen, der meinem Weg gleicht, denn seine Voraussetzungen sind ja ganz anders.

Jeder soll ernsthaft darüber nachdenken und seinen eigenen Weg beschreiten; dies und nichts anderes will diese Autobiografie von mir zum Ausdruck bringen und bewirken. Nur darauf soll sich mein Einfluss erstrecken.

Ja, ich habe es geschafft. Ich habe um meine Existenz gekämpft. Ich ging durch einen dornigen Weg. Ich bin immer noch im Rollstuhl, aber ich gehe mit meinem Herzen und meiner Seele. Meine große Kraft im Leben ist auch meine Mutter, eine Frau, die Leben bedeutet.

EINE FRAU, DIE LEBEN BEDEUTET
Kapitel 1

Friedliche Orte ziehen überwiegend friedliche und freundliche Menschen an, die sich für sie einsetzen und durch die sie erst zu einer lebendigen Stadt wird. Es ist eine Symbiose der besonderen Art, wenn wir uns nicht nur bemühen wollen, sondern auch bestrebt sind, unser Bestes zu geben.

Die mittelalterliche Stadt Srebrenik ist eine davon. Sie wurde zum ersten Mal, das heißt zum ersten Mal in schriftlicher Form, 1333 in der Charta des bosnischen Ban Stjepan II Kotromanić erwähnt und richtete sich an die Bevölkerung von Dubrovnik. Sie liegt unterhalb des Majevica-Berges in Nordbosnien.

Sie erlebte jedoch ihren Urknall oder ihre Expansion erst nach Kriegsende und nach der Aggression gegen dieses hügelige und wasserreiche Land.

In der Nähe derselben Majevica, nur auf der anderen Seite, in Richtung Bijeljina und dem Fluss Sava als nördlicher Staatsgrenze, im Dorf Trnovo Donja, wurde meine Mutter Zlata Đonlagić geboren.

Wie schön diese Worte „meine Mutter" klingen. Sie ist der Anfang und das Ende von allem. Nun, der Anfang ist sie sicher, weil wir in ihrer Gegenwart das erste Mal weinen, atmen, essen und zu menschlichen Wesen werden.

Sie ist am 16. Oktober 1951 geboren. Sie ist von Beruf Professorin für Erdkunde. Sie absolvierte die Pädagogische Akademie, Abteilung für Geschichte – Erdkunde in Banja Luka und anschließend an der Fakultät für Naturwissenschaften in Novi Sad.

In der gleichen Stadt arbeitete sie in verschiedenen Grund- und Hochschulen, heiratete meinen Vater Jelimir und brachte dann meine Schwester Simon und mich zur Welt.

Das Leben floss damals in seinem üblichen Verlauf. Man ging zur Schule, die Eltern arbeiteten, jeder widmete sich seinen Pflichten und Verantwortlichkeiten.

Aber zum größten Teil ist das Leben nicht so, wie wir es uns vorstellen. Es steht immer etwas im Weg. Der Krieg begann.

Der Krieg war und ist immer noch ein schrecklicher Kreis aus Schmerz, Verachtung und einer fiktiven Rache der Menschen, nur um eine Entschuldigung für verschiedene Gräueltaten zu haben. Man könnte es auch den Wirbelwind unerfüllter, ungesunder Wünsche nennen. Es war eine Möglichkeit, mit verschiedenen Frustrationen umzugehen, und das Bedürfnis, den eigenen Blutdurst zu stillen.

Die Geschichte steckt voller Beispiele für das Bedürfnis des Menschen, menschliches Blut zu vergießen. Ich glaube, im Laufe der Zeit häufen sich Unzufriedenheit, Hass und das Bedürfnis nach Gewalt in den Menschen und dann wird ein Land gesucht und eine angemessene Entschuldigung gefunden … Und ein blutiges Fest kann beginnen. Nichts Außergewöhnliches. So wird es immer sein.

Der Krieg, an den ich mich erinnere und den ich persönlich erlebt habe, war voller Schrecken. Andere Kriege waren wahrscheinlich beängstigend, wenn nicht sogar beängstigender, aber ich erlebte diesen nicht so schrecklich wie der Rest der Menschen im blutigen und brennenden Bosnien.

Mein Vater war zu der Zeit in Wien. Auf die andere Straßenseite unserer Wohnung in Banja Luka kamen bewaffnete Männer mit seltsamen Kappen auf den Köpfen. Wir wussten nicht, wonach sie suchten oder was ihre Absicht war. Sicher nichts Gutes.

Meine Mutter war tagelang aufgeregt und suchte nach einem Ausweg aus Bosnien. Eines Tages gab uns ein Anruf die

Chance, die Tür der Hoffnung zu öffnen, sodass wir aus diesem Krater herauskommen würden, in dem das Böse kochte und der nur auf die Gelegenheit wartete, sich zu zeigen und uns mit ganzer Wucht hinauszuwerfen.

„Liebe Kinder, morgen fahren wir mit dem Bus nach Wien", lauteten die Worte meiner Mutter, während ihr Gesicht mit einem Lächeln und einer Hoffnung strahlte, das wir seit Tagen nicht mehr gesehen hatten.

Ich sah, dass sie unsere Taschen schon bereithielt. Sie drückte uns mit einer Umarmung ins Bett, mit der Hoffnung, dass wir bald einschlafen und der nächste Morgen uns schnell erreichen würde.

Kapitel 2

Der neue Tag brachte endlich Bewegung von diesem blinden Fleck, an dem unser Leben verschachtelt war. Meine Mutter hatte Kontakt zu einem Nachbarn, der uns zum Busbahnhof bringen sollte. Wir fanden auch schnell den Bus nach Wien.

Manchmal frage ich mich, wie es möglich ist, dass ein Mensch in so kurzer Zeit von allem, was er kennt, liebt und als sein Eigenes anerkennt, losgerissen wird. Ich verließ die sechste Klasse und wusste nichts über das Schicksal meiner Klassenkameraden. Wo sind sie jetzt? Was ist mit ihnen passiert?

Es ging mir alles durch den Kopf und rührte sich in einem Wirbel von Angst und Sorge.

„Mutti, wann kommen wir wieder nach Hause?", fragte ich völlig unsicher.

„Hab' dich lieb, bleib bitte ruhig", sagte sie. „Wir müssen nur die kroatische Grenze überschreiten."

Und sie wiederholte diesen Satz viele Male.

Als ich diese Fragen wiederholte und ihren Antworten zuhörte, verfiel ich allmählich in einen Traum, der gleichzeitig ein Stück von der ungewissen Realität entfernt war.

Plötzliche Schreie und Geräusche ließen mich aus meinem Schlaf aufwachen und ich fand mich von bewaffneten Soldaten umgeben. Ich sah meine weinende Schwester, die von unserer Mutter umarmt und getröstet wurde. Sie umklammerte uns und brachte uns zum Schweigen. Irgendwo hörte man ein schreckliches Stöhnen. Die Soldaten schlugen die Leute im Bus mit dicken schwarzen Gummischlagstöcken. Einer von ihnen riss die Handtasche meiner Mutter aus ihrer Hand und fing an zu schreien:

„Na, Balinka, wohin gehst du?"

Es fielen noch weitere empörende Worte. Unsere Mutter schwieg, konnte kaum atmen, geschweige denn sprechen.

„Mama, wohin bringen sie uns?", fragte ich mit Tränen in den Augen.

„Ich habe keine Ahnung", schaffte sie es irgendwie zu erwidern, schaute sich um und achtete auf weitere Gefahr.

Bald hielt der Bus an.

Erst in diesem Moment wurde unsere Mutter auf die Umgebung aufmerksam, auf den Ort, an dem wir ankamen. Es war Doboj, eine kleinere Stadt. Und es war leider nicht der Ort, an den wir hingehen wollten. Wir hielten vor einem Gefängnis an.

Sie nahmen unsere persönlichen Dokumente mit, während weitere Busse ankamen. Es ist ein schrecklicher Aufruhr entstanden. Man hörte ein kleines Kind ununterbrochen weinen, ein anderes rief nach seinem Vater, und auf der anderen Seite, bei den Erwachsenen, herrschten Qual und Furcht.

Eines hatten wir gemeinsam: Angst – sie herrschte gleichzeitig bei denen, die laut weinten, und denen, die lautlos schwiegen.

Die Angst ist eine sehr starke Emotion. Sie gelangt in jede Pore und Zelle des Körpers. Sie zeigt sich immer zuerst in den Augen der Menschen. Unsere Augen verraten uns. Nicht die Körpersprache. Es sind die Augen, die die Seele widerspiegeln.

Wir haben stundenlang gewartet, bis uns auch das Trinkwasser ausgegangen war. Ein bewaffneter Soldat forderte meine Mutter und andere Frauen auf, mit ihm Wasser zu holen. Mama zitterte, hin- und hergerissen zwischen dem Bedürfnis, uns mit Wasser zu versorgen, und der Angst, uns allein und hilflos zu lassen. Trotzdem beschloss sie, uns Wasser zu bringen. Ich wartete sehr lange auf ihre Ankunft.

Ansonsten ist die Zeit ein relativer Begriff. Das hängt von der Situation ab, in der wir uns befinden. In Momenten der Angst und Sorge sind Sekunden und Minuten so lang wie ein Jahr; während die Zeit sehr schnell vergeht, wenn wir glücklich und sorglos sind.

Ich hatte große Angst. Ich umarmte meine vierjährige Schwester. Ich hatte das Gefühl, dass meine Lungen zu klein für jeden weiteren Atemzug waren. Als meine Mutter dann wieder auftauchte, sprang ich vor großer Freude in die Luft. „Hier ist es … Ich habe euch Wasser gebracht. Trinkt!"

Das Gehirn eines 12-Jährigen ist nicht in der Lage, die Tiefe und Breite des Elends und der Verzweiflung zu erfassen, die wir an diesem Tag durchgemacht haben.

Diese enorme Schwankung der Gefühle von der schlimmsten Angst zu Glück und Erleichterung forderte wahrscheinlich ihren Tribut, sodass ich wieder einschlief. Das erste, was ich sah, als ich aufwachte, war, dass Mama und die anderen Fahrgäste mit einem Fuß im Bus standen, der immer schneller und schneller fuhr. Mir wurde klar, dass sie dazu aufgefordert worden waren.

„Mama?!", rief ich nach ihr und versuchte, alle Fragen, die ich nicht zu sagen gewagt hatte, in einem Wort auszudrücken.

„Wir gehen nach Hause, mein Sohn", sagte sie leise und flehte mich an, still zu bleiben.

Es wurde sehr still. Niemand bewegte sich. Bis auf uns, die Kinder, stehen alle noch auf einem Fuß.

Bei der Ankunft in Banja Luka blieben wir im Bus eingesperrt. Diese wenigen engen und stickigen Plätze waren alles, was wir für die nächsten drei Stunden übrig hatten, während die Ausgangssperre anhielt.

„Raus!", rief eine laute Stimme.

Viele von ihnen bewegten sich zunächst nicht und hielten es für eine falsche Anweisung. Das war sie aber nicht. Erschöpft und mit steifen Körpern konnten wir uns irgendwie aus dem

Bus rausschleppen. Wir gingen los und kamen später irgendwie bei unserer Wohnung an. Bis zum heutigen Tag bete ich von ganzem Herzen, dass niemand die Grausamkeiten erlebt, die den Menschen in Bosnien widerfahren sind. Aber leider ist es vergebens. Es gibt immer noch Kriege, weinende Mütter und sterbende Kinder.

Der Krieg hat meine Eltern getrennt. Aber wenn ich das Gesamtbild betrachte oder es aus einer anderen Perspektive sehe, ist es das geringste Übel, das man erleben könnte. Es gibt Menschen, die viel Schlimmeres erlebt haben, wenn sie überhaupt noch leben. Es gibt Mütter, die ihre Kinder verloren haben, Kinder ohne Eltern, die sie nie wieder sehen und umarmen können.

In keiner Sprache der Welt gibt es Worte, die Trost spenden und Schmerzen lindern. Vielleicht ist es auch besser so. Denn so ist der Schmerz eine ständige Erinnerung an diese Ereignisse, die uns immer zum Reden bringt. So kann sie nicht vergessen werden. Es wird auch durch unsere persönlichen Erzählungen niemals in Vergessenheit geraten.

REZENSION

Unser Dasein ist unvorhersehbar und man stößt im Laufe des Lebens auf eine Vielzahl von Situationen, die oft als große Wette gelten. Es liegt an dem Dasein, ob es das Licht am Ende des Tunnels suchen oder für immer in der Dunkelheit leben wird, die von Angst erfüllt ist, den Körper und die Seele verschlingt und Schmerz und Leiden aus jeder Ader hervorruft. In dieser Angst vor dem Dasein befand sich auch der Autor des Buches, ein junger Mann, dessen Liebe zum Leben der Kampf von Goliath und David war.

Vor uns liegt ein Werk aus autobiografischen Informationen, das in seiner Besonderheit an das Geständnis eines Mannes erinnert, der uns einige biografische Fragmente gespendet hat, um uns zu zeigen, dass es, obwohl im Rollstuhl, keine Hindernisse gibt, die der Mensch nicht überwinden kann, um sein Leben erträglicher zu machen.

Die schwere Krankheit Multiple Sklerose des Alter Ego Autors Silvio Kospic hat zwar seine Beinbeweglichkeit beeinträchtigt, aber es nahm ihm nicht die Kraft, eine vergangene Zeit auf Papier zu bringen, in der Krieg und Krankheit ihn beschränkten und ihn für einen Moment seiner Kraft beraubten und seine Seele voller Schmerz und Leid erfüllten.

Silvio hat diesen grausamen Krieg im ehemaligen Jugoslawien erlebt und teilt uns in diesem Werk einige Fragmente aus dieser Zeit seines Lebens mit. Er rettete sich zwar vor dem Schicksal vieler im Krieg verbliebener Seelen, aber nicht vor der Krankheit, die in jede Ader seines Körpers eindrang und ihn an einen Rollstuhl nagelte, ohne ihm wie allen Menschen die Vorteile des Lebens zu geben.

Die eigene Willensstärke, die Freunde und Familie unseres Autors haben alles ins Rollen gebracht und ihm die Möglichkeit eröffnet, weiterzumachen, zu kämpfen, sich seiner bedrohten Existenz zu stellen und zu zeigen, dass es immer Hoffnung für den Menschen gibt.

„Mein Kampfgeist war stark, ich glaubte einfach an mich. Ich wollte es, so gut ich konnte, bekämpfen. Ich wollte meinen Kopf nicht in den Sand stecken. Mit eigener Willenskraft ging ich auf die Suche nach einem Heilmittel für meine Krankheit" – sagt unser Autor in diesem Buch.

Die interessante Reise unseres Autors und des Helden dieser Geschichte begann im Krankenhausbett, als es der wissenschaftlichen Medizin nicht gelang, ihm zu helfen und endete bei der Alternativen Medizin:

„Über das Studium einschlägiger Literatur hatte ich von einer südamerikanischen Heilpflanze gehört, die unter dem Namen Ayahuasca bekannt ist. Sie kommt vor allem im Amazonasgebiet vor, namentlich in Brasilien, Peru und im nördlichen Chile. Die Ureinwohner aus jenem großen Gebiet befassen sich schon sehr lange mit vielen Therapiemöglichkeiten zur Heilung diverser Krankheiten."

Seine Familie hat einen besonderen Platz in dieser ganzen Geschichte. Der stärkste Charakter ist jedoch der seiner Mutter, die im zweiten Teil dieses Buches besonders hervorgehoben wird. Die Mutter ist das Alpha und das Omega, sie ist die Trägerin der Prometheus-Fackel, die dem Autor den Weg ebnete.

Die räumlich-zeitliche Variante wird durch einen Reisechronotyp ausgedrückt. Es führt von Banja Luka nach Österreich und weiter nach Peru. All dieser Raum ist von einer Zeitlinie durchdrungen, die von Fragmenten von Kindheit, Krieg, Krankheit bis zum Moment des Schreibens der Geschichte selbst reicht.

Silvio hat sein eigenes Verständnis vom Leben. Er ist ein Mensch, der nie aufgibt. Und auch heute sucht er nach seiner

Heilung. Wir sehen ihn vielleicht nicht mehr beim Fußballspielen, aber diese Geschichte wird sein Sieg sein, seine stärkste Kommunikation – in erster Linie mit sich selbst, dann mit uns allen, die sein Alter Ego sorgfältig lesen werden.

M.A. Prof. Mirsada Šabotić

Der Autor

Der 1980 in Banja Luka, in Bosnien-Herzegowina,
geborene Silvio Kospic lebt heute in Bad Ischl.
Als Kind ist er mit seiner Familie nach Österreich
geflohen, um dem in Bosnien herrschenden Krieg
zu entkommen. In seiner neuen Heimat absolvierte
er eine Lehre zum Restaurantfachmann. Seine
Freizeit füllt er mit Tennis, Boxen, Billard und Darts.
Aber Silvio Kospic hat ein besonderes Päckchen
zu tragen: Er hat progressive multiple Sklerose.
Ein dorniger Weg, der mit viel Leid verbunden
war, zeichnet sein Leben. Er hat es jedoch nicht
nur trotz, sondern gerade wegen seiner Krankheit
geschafft, sich nicht unterkriegen zu lassen und
seinem Dasein einen neuen Sinn zu geben. Er teilt
sein Leben nun mit seiner Ehefrau, die ihn – ebenso
wie er sie – unterstützt.